橘奈良麻呂の変の密告について

木本好信

はじめに

藤原仲麻呂政権の確立がいつかというと、やはり淳仁天皇を擁立して自らが大保（右大臣）に昇任した天平宝字二年（七五七）八月ということになると思うが、その主導権が成立したのは前年の同元年七月の橘奈良麻呂の変においてで反対派を一網打尽にした時であろう。その点で仲麻呂と彼の政権の実態を明らかにする過程で、政権の画期となった橘奈良麻呂の変については詳細な検討が必要になろう。このことから仲麻呂が奈良麻呂や大伴古麻呂らを中心とするクーデター派を壊滅させるにいたるもっとも肝心な密告の実情についての解明が重要視される。

橘奈良麻呂の変について、最初に本格的に論じたのは北山茂夫氏ではないかと思うが[1]、密告の事情については詳述してはいない。橘奈良麻呂の変を専論とする主要なものとしては、前川明久・横田健一・平あゆみ・松尾光・小倉真紀子・遠山美都男氏などの論文[2]があるが、『続日本紀』の記事から密告をめぐることを中心に詳述したものについて看見したところでは、福原栄太郎・中西康裕氏が論及[3]されたくらいである。

そこで、本論では福原・中西氏など各氏の見解を参考にして、自分なりに密告に焦点をあわせて、あらためて橘奈良麻呂の変について考えるところを論じてみようと思う。

一、橘奈良麻呂の変密告史料

まず、論をすすめる前に『続日本紀』の関係する記事を分解して年月日順に掲出する。

(1)去ぬる天平十七年(七四五)、先帝陛下(聖武天皇)、難波に行幸したまひしとき(九月)、寝膳、宜しきに乖けり。時に奈良麻呂、全成(佐伯)に謂りて曰はく、「陛下、枕席安からず。殆と大漸に至らむとす。然も猶、皇嗣立つること無し。恐るらくは、変有らむか。願はくは、多治比国人・多治比犢養・小野東人を率ゐて、黄文を立てて君とし、以て百姓の望に答へむことを。大伴・佐伯の族、この挙に随はば、前に敵無からむ。方に今、天下憂へ苦みて、居宅定まること無く、乗路に哭叫びて、怨歎くこと実に多し。是に縁りて議謀らば、事、必ず成るべし。相随はむや以否」といへり。

(2)厥の後、大嘗(天平勝宝元・七四九)の歳に、奈良麻呂が云はく、「前歳に語りし事、今時発さむとす。如何」といふ。(以上、天平宝字元年七月庚戌(四日)条)

(3)是より先、去ぬる勝宝七歳(七五五)冬十一月に太上天皇(聖武天皇)不念したまふ。時に左大臣橘朝臣諸兄の祗承の人佐味宮守告げて云はく、「大臣、酒飲む庭にして言辞礼無し。稍く反く状有り云々」といへり。太上天皇、優容にして咎めたまはず。大臣、これを知りて、後歳に散仕せり。既にして、勅して、越前守従五位下佐伯宿禰美濃麻呂を召して問ひたまはく、「この語を識るや」ととひたまふ。美濃麻呂言して曰はく、「臣曾て聞かず。但慮ふに、佐伯全成知るべし」といふ。

古典と歴史

9

「古典と歴史」の会

燃焼社

「古典と歴史」の会　会規

一、本会は、「古典と歴史」の会と称し、古典の研究、古典を通じての歴史研究を目的とする。
二、会の事業として、『古典と歴史』の発行及び講演会・研究例会その他を行う。
三、本会は、会の趣旨に賛同する正会員と学生会員とにより組織される。
四、投稿は会員に限る。ただし、会員の推薦がある場合はこの限りではない。
五、投稿された原稿の採否は、審査委員の査読を経て、編輯委員会で最終的に決定する。
六、投稿された原稿は、適宜、論文・研究ノート・史料紹介・学界動向・書評・新刊紹介などに分類・排列して掲載する。枚数制限はとくに設けないが、長文にわたるものについては、紙面の都合で複数回に分載する場合がある。
七、原稿は、『古典と歴史』編輯委員会において最低限の統一を施すが、章節の分けかた、注のスタイルはおおむね執筆者の判断に委ねる。なお、掲載を前提として、編輯委員会が執筆者に対し、部分的な修正をもとめることがある。
八、原稿は電子媒体の形式で提出することが望ましいが、手書き原稿も受理する。
九、執筆者には掲載誌一〇部を進呈するが、経費の関係で抜刷は製作しない。
十、掲載原稿については、掲載後一年間は他誌や自著への転載は見合わせていただく。
十一、本誌は不定期刊行ゆえ、原稿の締め切りはとくに設けず、原稿が整い次第、次号の編輯にかかる。

A是に全成を勘へ問はむとするに、大后、慇懃に固く請ふ。是に由りて事遂に寝みぬ。〔天平宝字元年六月甲辰（二十八日）条〕

(4)また、去年（天平勝宝八・七五六）四月、（中略）奈良麻呂が云はく、「聖体、宜しきに乖けること、多く歳序を経たり。消息を闚ひ看るに、一日に過ぎず。今、天下乱れて、人の心定まること無し。若し他氏の、王を立つる者有らば、吾が族徒に滅亡びむ。願はくば、大伴・佐伯の宿禰を率ゐ、黄文を立てて君として、他氏に先にせば、万世の基と為らむ」といへり。（大伴）古麻呂が曰はく、「右大臣（藤原豊成）・大納言（藤原仲麻呂）、是の両箇の人は、勢に乗りて権を握れり。汝、君を立つと雖も、人豈従ふべけむや。願はくは、これを言ふこと勿れ」といへり（後略）」〔天平宝字元年七月庚戌（四日）条〕

(5)去ぬる六月（天平勝宝九・七五七）に、右大弁巨勢朝臣堺麻呂、密に奏さく、「薬方を問はむが為に、答本忠節が宅に詣でしとき、忠節因て語りて云はく、「大伴古麻呂、小野東人に告げて云へらく、『人の、内相（藤原仲麻呂）を劫さむとする有り、汝、従はむや』といへり。東人答へて云へらく、『命に従はむ』といへり。忠節、斯の語を聞きて右大臣に告ぐ。大臣答へて云はく、『大納言年若し。吾、教誨を加へて殺すこと莫からしむべし』といへり」といふ」とまうす。〔天平宝字元年七月戊申（二日）条〕

(6)東人らを窮め問はしめたまふ。款して云はく、「（中略）去ぬる六月の中、期り会ひて事を謀ること三度、始は奈良麻呂が家に於てし、

(7)東人らを窮め問はしめたまふ。款して云はく、「（中略）去ぬる六月の中、期り会ひて事を謀ること三度、（中略）次には図書の蔵の辺の庭に於てし（後略）」〔天平宝字元年七月庚戌（四日）条〕

(8)是に至りて（六月二十八日）、従四位上山背王復告さく、「橘奈良麻呂、道に反きて兵器を備へて、田村宮を囲まむことを謀る。

正四位下大伴宿禰古麻呂も亦その情を知れり」とまうす。〔天平宝字元年六月甲辰（二十八日）条〕

(9)始に安宿に問ふ。款して云はく、「去ぬる六月廿九日の黄昏に、黄文来りて云はく、『奈良麻呂、語言を得むと欲ふ』と爾云ふ。安宿即ち従ひ往きて、太政官院の内に至れり。先に廿許人有り。一人迎へ来て礼揖す。近く着きて顔を看るに、是れ奈良麻呂なり。また、素服の者一人有り。熟く此を看れば小野東人なり。登時、衆人共に云はく、『時既に過ぐべし。立ちて拝むべし』といふ。安宿問ひて云はく、知らず、何の拝ぞといふ。答へて云はく、『天地を拝むのみ』と爾云ふ。安宿、情を知らずと雖も、人に随ひて立ちて拝む。欺かえて往きしのみ」といふ。

(10)東人らを窮め問はしめたまふ。款して云はく、「（中略）去ぬる六月の中、期り会ひて事を謀ること三度、（中略）後《六月二十九日》には太政官院の庭に於てせり。その衆は、安宿王・黄文王・橘奈良麻呂・大伴古麻呂・多治比犢養・多治比礼麻呂・大伴池主・多治比鷹主・大伴兄人なり。（中略）庭の中にして天地と四方とを礼拝み、共に塩汁を歃り、誓ひて曰はく、「七月二日の闇頭を以て、兵を発して内相の宅を囲み、殺し劫して即ち大殿を囲み、皇太子《大炊王》を退けむ。次に、皇太后《光明》宮を傾けて鈴・璽を取らむ。即ち右大臣を召して、号令せしめむ。然して後に、帝《孝謙天皇》を廃して、四の王《塩焼・道祖・安宿・黄文》の中を簡ひて、立てて君とせむ」といへりといふ。〔天平宝字元年七月庚戌（四日）条〕

B七月戊申《二日》、詔《孝謙》して曰はく、（中略）「頃者、王等・臣等の中に礼無く逆なる人ども在りて計るならく、大宮を囲まむと云ひて私の兵を備ふと聞こし看して、（中略）一つ事を数人重ねて奏し賜へば、（中略）此く状悟りて人の見咎むべき事わざなせそ。（中略）天皇が大命を、衆聞きたまへと宣る」とのたまふ。

C七月戊申《二日》、（中略）詔畢りて、更に右大臣以下の群臣を召し入れて、皇大后《マヽ》、詔して曰はく、「汝たち諸は吾が近き姪なり。（中略）また大伴宿禰等は吾が族にも在り。諸同じ心にして皇が朝を助け仕へ奉らむ時に、如是の醜事は聞えじ。汝たちの能からぬに依りてし如是在るらし。諸明き清き心を以て皇が朝を助け仕へ奉れと宣りたまふ」とのたまふ。

⑾是の日（二日）の夕、中衛舎人従八位上上道臣斐太都、内相に告げて云はく、「今日（七月二日）の未の時（午後二時）に、備前国の前守小野東人、斐太都を喚びて謂りて曰はく、『王臣、皇子と内相とを殺さむと謀ること有り。汝能く従はむや』といへり。斐太都問ひて云はく、『王臣とは誰等に為るか』といふ。東人答へて云はく、『黄文王・安宿王・橘奈良麻呂・大伴古麻呂ら、徒衆甚だ多し』といふ。斐太都また問ひて云はく、『衆の謀る所は、若にかせむとする』といふ。東人答へて云はく、『謀る所二つ有り。一つには、精兵四百を駈せ率て、田村宮を囲まむとす。二つには、陸奥将軍大伴古麻呂、今、任所に向ひ、行きて美濃関に至るときに、詐りて病と称して、一二の親の情に相見えむために、官の聴許を蒙らむと欲ふと請ひ、仍て即ち関を塞ぐなり』といふ。斐太都、良久しくして答へて云はく、『敢へて命に違はじ』といへり」とまうす。

⑿是の日（七月二日夕以降）、内相藤原朝臣仲麻呂、具にその状を奏す。内外の諸門を警衛らしめ、乃ち高麗朝臣福信らを遣して、兵を率て、小野東人・答本忠節らを追ひ捕へしむ。並に皆捉へ獲て、左衛士府に禁め着く。また、兵を遣して、道祖王を右京の宅に囲ましむ。〔天平宝字元年七月戊申（二日）条〕

⒀己酉（三日）、右大臣藤原朝臣豊成・中納言藤原朝臣永手ら八人に勅して、左衛士府に就きて、東人らを勘へ問はしめたまふ。東人礭けく道はく、「無し」といふ。

D即日（三日）の夕、内相仲麻呂、御在所に侍りて塩焼王・安宿王・黄文王・橘奈良麻呂・大伴古麻呂五人を召し、太后の詔を伝へて宣りて曰はく、「塩焼ら五人を人謀反すと告げたり。汝等は吾が為に近き人なり。一つも吾を怨むべき事は念えず。汝等を皇が朝はここだく高く治め賜ふを、何を怨めしき所としてか然為む。有らじかとなも念しめす。是を以て汝等の罪は免し賜ふ。今往く前然な為そ、と宣りたまふ」といふ。詔訖りて五人南門の外に退り出でて、稽首して恩詔を謝す。（天平宝字元年七月己酉（三日）条）

⒁庚戌（四日）、詔して、更に中納言藤原朝臣永手らを遣して、東人らを窮め問はしめたまふ。款して云はく、「事毎に実なり。斐太都が語に異なること無し。（中略）是に、告げられたる人等を追して、来るに随ひて悉く禁め着け、各別処に置きて、一々に勘へ問ふ。始に安宿に問ふ。（中略）また、黄文・奈良麻呂・古麻呂・多治比犢養らに問ふ。辞、頗だ異なりと雖も、略皆大に同じ。

⒂始に安宿に問ふ。款して云はく、（中略）また、黄文・奈良麻呂・古麻呂・多治比犢養らに問ふ。（中略）勅使また奈良麻呂に問ひて云はく、（中略）また佐伯古比奈に問ふ。（天平宝字元年七月庚戌（四日）条）

⒃辛亥（五日）、従四位上山背王・巨勢朝臣堺麻呂に並に従三位を授く。従八位上上道臣斐太都に従四位下。正七位下県犬養宿禰佐美麻呂、従八位上佐味朝臣宮守に並に従五位下。並に是れ、密を告げし人なり。

二、橘奈良麻呂の変の検証

それでは、前掲した史料⑴～⒃と、A～Dにもとづいて、奈良麻呂の変の密告を中心にその経緯を考えながら、実情を詳細に検証してみよう思う。

⑴の史料によると、奈良麻呂のクーデター計画は天平十七年（七四五）九月[4]の一二年も前から考えられていたことがわかる。その具体的な計画がどのようなものであったのか。⑽にみえているように、天平宝字元年七月では、仲麻呂の殺害、大炊王の廃太子、孝謙天皇の廃位と塩焼王・道祖王兄弟、安宿王・黄文王兄弟の四王のなかからの

擁立、光明皇太后からの御璽と駅鈴の強奪などが具体的な目的であったが、天平十七年時の場合も同様であったということはない。仲麻呂を殺害しなければならないほど仲麻呂が強権を発揮していないし、大炊王は立太子していない。もちろん孝謙天皇は即位していないし、御璽などは光明の手許にはなく聖武天皇の保持するところであった。

よって、その具体的な計画はわからないが、「皇嗣立つること無し」とあるように、危篤状況にあった聖武天皇後の皇嗣問題に関係があったことはまず間違いない。天平宝字元年時の場合の主な目的が、孝謙天皇と大炊皇太子を廃して、奈良麻呂が天平十七年九月からずっと拘泥してきた黄文王を擁立することにあったことを思えば、皇嗣問題であったことは変わらない。

ただ、天平十年正月に立太子し、同十五年五月に五節舞を儛って元正太上天皇などの理解をえて名実ともに皇太子であった阿倍内親王の存在があったなかで、「聖武天皇が皇嗣を立てていない」とする奈良麻呂の発言は注視される。これについては、筆者も「(奈良麻呂が)とりもなおさず阿倍内親王を聖武天皇の皇嗣として認めていないことをいっているのであって[5]」としたが、このような理解が通説になっているように思う。しかし、中川收氏は元正天皇を例として次の皇嗣が定まっていれば女性といえども即位が可能なのであって、奈良麻呂がこのような発言をしたのは、伝えるべきつぎの皇嗣のいないことへの主張であったかもしれない[6]として、最近でも小倉真紀子氏が中川説を踏襲している[7]。

けれども、そのようなことはまず考えられない。阿倍内親王が孝謙天皇として即位した後で状況は変わり、大炊皇太子という伝えるべき皇嗣が存在するにもかかわらずに、孝謙天皇の廃位と大炊王の廃太子を目的とするクーデターを画策していることを思うと、黄文王擁立を意図としていた奈良麻呂にとって阿倍皇太子自体が邪魔で認められない存在であった思いから「然も猶、皇嗣立つること無し」という発言になったことは明白である。「恐るらくは、変有らむか」とは、難波宮で聖武天皇が没した場合には、皇太子として認めていない阿倍内親王の即位を認めるわけなどない反対派勢力による決起もありうることを示したものであろう。

それにしても奈良麻呂は、天平十六年閏正月に即位を期待していた安積親王が没した後、(8)同十七年九月の時点には血縁でもあった黄文王の擁立を考えていたのである。この年、養老五年（七二一）生まれ(9)の奈良麻呂は二五歳、正五位上摂津大夫に過ぎなかったことからすると決起は現実的ではなく、ただ憤懣の気持ちからの言動であったことのように感じられる。一方、黄文王は霊亀二年（七一六）頃の生まれと推測されるから、この時は三〇歳頃であったが、乳母の出自で長屋王家と関係深い黄文連と、その氏寺である平川廃寺造営に諸兄が尽力していたことから、黄文連氏を介して黄文王と諸兄・奈良麻呂父子は親しい関係にあったと推考される。奈良麻呂が天平十七年九月以前から一二年以上もずっと黄文王擁立を思っていたのは、このようなところにその理由があるのである。(10)

そして、奈良麻呂が天平十七年九月以前からクーデターの意志をもっていたということは、従一位左大臣として政治を領導していた父諸兄が息子の行動にどのように対応していたのかということが問題となる。このことについては、かつてこの長い期間にわたって父の諸兄が息子奈良麻呂の動向をしらなかったとはふつう考えられないこと、すでに天平十六年二月頃には諸兄は光明皇后の誘掖で台頭してきた仲麻呂と対立していたこと、(11)『萬葉集』所収歌でクーデターに参加した多治比国人や山田三井比売島などとの交流のあったこと、そしてなんといっても(3)によって、諸兄は奈良麻呂の蠢動について十分に承知しているだけでなく関与していたことを論じた。(12)これを首肯する見解もあるものの、(13)その後このような見解は森田悌氏によって否定され、(14)最近では中村順昭氏も諸兄は諸勢力の対立を融和させてきたのであり、その死によって対立が一挙に噴出して奈良麻呂の変が起こったとして、諸兄の陰謀への関与を否定した(15)。

しかし、前掲理由のほかに奈良麻呂は天平十七年九月以降も(2)にみえる天平勝宝元年にも、(4)の同八歳四月にもクーデターへの行動を露わにしているから諸兄がしらなかったとは思えないし、奈良麻呂と行動をともにしていた官人らは諸兄派の者であり、諸兄が関係せずに慎重であったならば奈良麻呂と行動をともにしなかったことであろう。また、(3)にみえるように諸兄の反状を密告した佐味宮守が(16)で奈良麻呂の変を密告した巨勢堺麻呂・上道斐太都らとともに昇叙している事実からしても、諸兄が奈良麻呂の一連のクーデター計画をしらずに関与していなかったとは考えられないし、この時点で諸兄の発言に奈良麻呂が関わっていたのかもしれないことから、再び諸兄の変にいたる過程での関与説を論じた(16)。

ここまでみてきたように、奈良麻呂のクーデター計画は、天平十七年九月・天平勝宝元年・同八歳四月と何度も決起をはかってはいるが、結局は見送られている。先の二回は孝謙天皇の皇太子・即位への不満が底辺にあるが、天平勝宝八歳四月の場合は少し状況が異なる。この年の同八歳二月二日には諸兄が致仕して、四月十四日には聖武太上天皇が不予となっていることから政情は逼迫していたように思われる。そして、聖武太上天皇は五月二日には没して遺言によって道祖王が立太子した。(4)によって奈良麻呂が、佐伯全成に対して聖武太上天皇が危篤であるにもかかわらず「若し他氏の、王を立つる者有らば、吾が族徒に滅亡びむ」といって説得していることからすると、このことは四月十四日以降、聖武太上天皇が没して遺言により道祖王が立太子した五月二日までの半月のことだとわかる。

さらに(4)で注視されるのが、大伴古麻呂が奈良麻呂と行動をともにしていることである。奈良麻呂は終始黄文王の擁立を考えていたが、古麻呂は翌年の同九歳四月の道祖王廃太子後に誰を新皇太子として擁立するのかを孝謙天皇が臣下に尋ねた時に、文室智努とともに舎人親王の王子である池田王を立てることを進言している。[18]ここで問題となるのは、奈良麻呂と古麻呂とでもっとも大事な誰を擁立するのかの意思の統一がなされていなかったことである。[17](10)でもあるように、クーデター成功後は塩焼・道祖・安宿・黄文の四王中より選ぶという計画であったことから、クーデター参加者のなかでもまったく意思統一されていなかったのである。これはまずは光明皇太后・仲麻呂勢力に反対する勢力を糾合しようとした妥協の結果であったことからすると、結束に疑念を抱かざるをえず計画挫折の要因ともなったのである。[19]

そして、クーデターの中心人物である古麻呂が、いつから奈良麻呂と行動をともにするようになったのかということも不確かである。鐘江宏之氏は、古麻呂は反旗を翻すことに積極的ではなかったが、仲麻呂の強引な大炊王擁立などをみて奈良麻呂の仲間に加わることの覚悟を固めたとして、本格的に奈良麻呂と行動をともにするようになったのは一年後の同九歳四月からであるとしている。[20]上村正裕氏も(4)の天平勝宝八歳四月に奈良麻呂が佐伯全成を誘って古麻呂を弁官曹司に訪ねた時のことをあげて「積極的に奈良麻呂与党に関与していたわけではない」とし、(5)の同九歳六月に小野東人に仲麻呂暗殺を誘っていることからすると、一貫して反藤原氏・仲麻呂というわけではなかったと指摘している。[21]たしかに同八歳四月に奈良麻呂が黄文王擁立を説いた際に、古麻呂は「汝、君を立つと雖も、人豈従ふべけむや。願はくは、これを言ふこと勿れ」と、奈良麻呂が黄文王を擁立しても誰も従うこともないだろうから、このようなことを言わないでほしい―といっているのであるから、この一年間で古麻呂が変身した原因はやはり自身の希望した池田王ではなく、仲麻呂の強引な大炊王の擁立であったことは間違いない。そして、同九歳六月十六日の異動で陸奥按察使・陸奥鎮守将軍に任じられていることは、都から遠ざけようとした仲麻呂の意図だろうから、すでに仲麻呂には古麻呂の背信がわかっていたのであろう。[22]

そして天平勝宝九歳六月になると、大炊王の立太子をうけてクーデターにむかっての行動が急速に具体性をもってくる。そのようななかで(5)にみえる巨勢堺麻呂の密告によって、古麻呂から仲麻呂暗殺を誘われて承諾したことを東人から聞いた答本忠節が右大臣藤原豊成に告げたところ、豊成が「私が（陰謀者らに）教戒を加えて、（仲麻呂らを）殺さないように言い含めよう」[23]と忠節に答えたことなど具体的な事実が明らかになった。豊成が忠節の密告をうけて追及しなかったことは、通説ではクーデター派に寛容であったからだと理解されている。しかし、ただ豊成の保守的な政治姿勢を示しているだけで奈良麻呂らに共鳴していたわけではないとする説[24]もあるが、仲麻呂とはこだわりがあったことはたしかであるし、いまひとつ事態の深刻さを理解していなかったのではなかろうか。このあたりが「天資弘厚にして」[25]と、生まれつき寛大温厚といわれる性格が影響していたのかもしれない。

忠節が、小野東人から聞いたクーデター計画を巨勢堺麻呂に話したうえに豊成に告げたことを考慮すると、忠節が奈良麻呂らに関わっていたとは思えない。しかし、(12)にみられるように小野東人とともに左衛士府に禁着されていることや『続日本紀』天平宝字元年（天平勝宝九歳）八月甲午（十八日）条に、「賊臣廃皇子道祖と安宿・黄文・橘奈良麻呂・大伴古麻呂・大伴古慈斐・多治比国人・鴨角足・多治比犢養・佐伯全成、小野東人・大伴駿河麻呂・答本忠節らとは、稟性兇頑、昏心転虐にして、君臣の道を顧みず、（中略）遠く辺裔に放たる」とみえるように、クーデターに参加した者の党与として流罪になっているのはなぜなのか納得できない。福原氏は、この忠節の動向に注目して、仲麻呂が権勢を掌握するために中立的な立場にあった兄豊成を除外することを目的に、豊成が賊党についたことの論拠をえるために豊成に告言して繋がりのあった忠節をクーデター派にする必要があったとする。[26]

けれども、それは筆者のみるところ十分な説得性のあることではなく疑問がのこる。豊成が事件後の天平勝宝九歳七月十二日に「大乱を構ふることを知りて、敢へて奏上すること無く、事発覚れぬるに及びても亦、肯へて究めず。（中略）宰輔の任、豈此の如くなるべけむや。右大臣の任を停め、大宰員外帥に左降すべし」[27]とあるように、その配流理由が⑸にみえる忠節の密告を聞き流したという事実であることは明瞭であるから、[28]わざわざ豊成に罪を被せるために密告者の忠節をクーデター派に捏造する必要はない。福原氏の主張は再考の余地がある。忠節が奈良麻呂一派として科罪されたのは、豊成に密告した後になっても奈良麻呂らへの尋問などの対応がとられなかった事態を看過したことや、これ以後も小野東人と交渉があったからかもしれない。

また⑸で気になるのは、忠節がなぜ豊成に密告したのかということである。「養老獄令」告密（三三）条には、「凡そ密告せむ人は、皆当処の長官に経れて告せよ」とある。福原氏のいうように忠節が侍医だったとすると、内薬司に属していたから管掌する中務省長官である中務卿に訴えでるのが筋であろうが、侍医というのも確証のあることではないから本来は誰に密告すべきであったのかわからない。福原氏は暗殺対象者であった仲麻呂ではなく豊成であったことについて、似通った出自で同じ侍医である吉田兄人が急速に立身している背景に仲麻呂の推輓があったことへのライバル心から仲麻呂ではなく豊成に訴えたとした。けれども、そこまでうがった見方をしなくとも、事が領導者である仲麻呂の暗殺という重大なことであったので、仲麻呂の兄であり太政官首班の豊成にしらせにいったのではないか。また豊成と以前からなんらかの接点があったのかもしれない。

さらに⑸でふれるべきことに、古麻呂が小野東人に仲麻呂殺害を誘っていることである。東人は⑴でもわかるように天平十七年九月から奈良麻呂一味であったからあらためて仲間に誘う必要はない。森公章氏は「大伴古麻呂は奈良麻呂与党の構成員を知らなかったようで、（中略）ここに与党の結束のあり方と東人・古麻呂の勝手な勧誘という統率の欠如を窺うことができ」[29]と理解するが、これも属目すべき事実と指摘しておきたい。

そして、⑸でもう一つはっきりしておかなければならないのは、巨勢堺麻呂の密告したのが「去ぬる六月」とあるが、その日時はいつのことであったのかである。そして⑹・⑺・⑼・⑽からわかる六月中の奈良麻呂宅での一回目、図書の蔵の辺庭での二回目、そして太政官院の庭の三回目の会合との日時の前後関係も気になる。三回目は⑼・⑽によって六月二十九日であったことがわかるが、一回目と二回目はいつであったのか。

六月二十九日の太政官院庭での三回目の会合で、はじめて決起の日時や具体的な行動が決定したことは⑽の記事からわかる。堺麻呂の密告内容は、古麻呂が東人を勧誘し、その内容は仲麻呂の殺害だけで具体的なことにふれていないから二十九日以前のことであろう。⑹・⑺は「去六月中」とあって、新日本古典文学大系本は前掲のように「去ぬる六月の中」と訓読して「中」を「なかころ」とルビをふっている。そこで『続日本紀』の諸本をみてみると、今泉忠義氏は「うち」（に）」とルビをふり、[30] 直木氏他訳注本も「六月中に」として六月の月内のことと解している。[31] どちらかの判断はできないが、堺麻呂の密告は⑹と⑺の間か、⑺から六月二十九日までの間ということになる。二十八日には山背王の密告があったが、堺麻呂の密告はそれよりは以前のことであろう。倉本一宏氏は「六月十六日以前のある日」としている。[32]

中川氏は、一回目の集会は六月上旬のこと、二回目は六月十六日の時分としている。[33] 六月には、九日に治安維持を目的に武官以外の京内での兵器携行と二〇騎以上の集団行動の禁止や兵器の私蔵と蓄馬の制などが発令され、十六日には反体制派を除外するような四二人にも及ぶ異動が実施された。これは仲麻呂が自身にむけられた敵意を実感していたからの施策とみるべきで、一回目と二回目の会合もこの異動とからんでいる。堺麻呂の密告も、十六日の異動以後、陸奥按察使・鎮守将軍に任じられた古麻呂が任地にむかう途中で美濃国不破関を塞ぐ計画であったことを考慮すると、二十日前後以降数日の間であった可能性が高い。

それにしても一回目の奈良麻呂宅での会合はともかくも、二・三回目の図書の蔵の辺庭とか太政官院の庭とか衆目にふれやすい場所で、(9)にみえるように「黄昏」時とはいえ、ふだんから反体制派と目される者が深刻な様相で計画をねるという長い時間集会していることに懐疑心をいだかない官人がいないはずがない。ことに道祖王廃太子と大炊王の立太子という皇嗣をめぐって政局は不穏であったから尚更である。

(8)では、山背王密告のことが記される。(5)の堺麻呂の密告でもしられた古麻呂も一味であるという情報以外に、仲麻呂殺害に関して「兵器を備えて、田村宮を囲む」という具体的な計画が露わになっている。これは(6)・(7)の会合により決まったことであろうから、このことを山背王がしったのは二十八日直前のことであったと推測されるから、(6)・(7)の会合は先述した二十日前後以降よりも降るかもしれない。

この山背王の密告について、倉本氏は黄文王が「安宿王よりも先に山背王に計画を持ちかけていた」とする。[34] 林陸朗氏も(9)にみえるように黄文王が兄安宿王を誘ったごとく弟の山背王にも誘いをかけていたが、安宿王と違って会盟の場所にいかなかったばかりでなく、黄文王からえた情報をもとにして当局に密告したとする。[35] 倉本氏は山背王の密告内容が具体性に乏しく稚拙な情報にもとづくものであったことは、その情報元の黄文王が謀反計画には深く関与していなかったことを物語るとする。

しかし、これらは疑問である。天平十七年九月から一二年以上も奈良麻呂が一貫して擁立しようとして、一緒に行動をしてきた黄文王が計画の詳細をしらなかったわけがない。また安宿王が誘われて会合に参加したのは山背王が密告した翌日の出来事であり、その安宿王ですら「安宿、情を知らずと雖も、人に随ひて立ちて拝む。欺かえて往きしのみ」とあるように事情をしらなかったわけであるから、前日に密告した山背王の情報入手先が黄文王であるはずがない。

中川氏は、かならずしも詳細とはいいがたい内容の情報であったことを前提に、親しい人物がくれた間接的な情報ではないかとして、その人物を大原今城に特定している。中川氏は、『萬葉集』巻二十、四四七二〜七四番歌、題詞には「（天平勝宝八歳十一月）八日に、讃岐守安宿王等、出雲掾安宿奈杼麻呂が家に集ひて宴する歌」とあるが、これを典拠として「安宿王と今城の二人が出席していたことは事実であったから、安宿王を介して山背王が今城の知遇を得たという推測は許されるはずである。どちらにしても、山背王と今城は親交があったとみたい」として、今城の情報は古麻呂から直接にえた大伴家持から聞いたものであると推定している。(36)

しかし、中川説には事実の誤認があるし、推測の域をでないところがある。まず四四七二〜七四番歌の背景であるが、これは出雲国から朝集使として上京していた出雲掾奈杼麻呂宅に、名前からもわかるように乳母をとおして交流のあった安宿王が訪ねた際の宴での歌で、そこで奈杼麻呂の歌（四四七二番歌）と、奈杼麻呂が上京するに先立って出雲国での餞の日に詠んだ出雲守であった山背王の歌（四四七三番歌）を伝えたもので、次に収める四四七四番歌は、「兵部少輔大伴宿禰家持、後の日に出雲守山背王の歌に追和して作」った歌である。

中川氏は「安宿王と今城の二人が出席していたことは事実であったから」としているが、この奈杼麻呂宅での宴席に今城は参加していない。今城の歌は、この宴席歌につづいて収められた「二十三日に、式部少丞大伴宿禰池主が宅に集ひて飲宴する歌二首」の別物であって、山背王と今城の親交は確認できない。家持の歌は、「後の日に」追和した歌という。新編日本古典文学全集本が「このことは十一月八日の集宴に家持が列していなかったことを証するであろう」(37)というように家持はこの宴の座にはいなかった。ただ、「後に山背王の歌に追和して作歌」しているのだから、山背王と家持が親しい関係にあったことは認められる。

よって、中川氏のいう古麻呂から家持へ、家持から今城へ、そして山背王へと情報が伝達されたと理解するのは無理のような気がする。この頃の今城は仲麻呂派であった。『萬葉集』巻二十、四四八二番歌は、仲麻呂の二男執弓（改名後は真先・真前）が播磨介として赴任するに際して、難波堀江にまで見送ってくれた今城に対して詠んだ歌を今城がのちに伝え読んだものである。今城は執弓を通じて仲麻呂とも親しかったと思われる。[38]『続日本紀』宝亀二年（七七一）閏三月乙卯（二十八日）条には、今城が仲麻呂派であった多治比木人とともに無位から従五位上に復されていることがみえているが、これは仲麻呂の乱によって官位を剥奪されていたからである。[39]よって今城がクーデター計画をしったならば、今城自身がただちに仲麻呂に急告におよんだことであろう。今城と山背王との親交が論証できないのであれば、かえって今城を抜いて古麻呂から家持へ、家持から山背王へと伝達されたとすることの方が蓋然性は高い。

ただ、古麻呂が家持に伝えていたのかは立証できない。二人の血縁関係については明確ではない。鐘江氏は古麻呂が旅人の甥、つまり家持と従兄弟だとする。[40]家持は橘諸兄を信頼して、諸兄と台頭してきた仲麻呂との権力闘争にあっては仲麻呂打倒派に参加していた。『萬葉集』などによると、天平勝宝四年頃からは奈良麻呂の変に決起した有力官人らとの交遊が顕著であったが、同八歳二月に諸兄が致仕し、同八歳五月に同族の古慈斐が朝廷を誹謗して衛士府に拘禁、解任されると、翌六月には「族を喩す歌」を作って一族の軽挙妄動を戒め、[41]同時に奈良麻呂らクーデター派との決別を宣言して保身をはかった。[42]

このことから家持は、一年も前からクーデター計画に関与していたということはないから、古麻呂から聞いたという可能性は低いが、また否定することもできない。

さらに気になるのは、山背王が奈良麻呂と古麻呂の名を告げているのに黄文王をあげていないことである。塩入秀敏氏は兄たちが関与していることはしらなかったのではないかとするが、[43]中川氏は誣告でないことの証に古麻呂の名を明かしたものの、事前に密告して謀反を未発に終わらせることで黄文王を救えるという希望があったとする。[44]

そのようなことであったかもしれない。しかし、中川氏もいっているが、黄文王が計画の重要な位置にあることをしって縁坐を恐れたことでの保身であったということに現実性がある。

(9)にみえる六月二十九日黄昏、太政官院庭で三回目の会合が行なわれている。ここには黄文王・橘奈良麻呂・大伴古麻呂・多治比犢養・多治比礼麻呂・大伴池主・多治比鷹主・大伴兄人、小野東人ら二〇人ほどに、黄文王に誘われてわからないままに参加した安宿王も顔をそろえていた。ここでは三日後の七月二日に決起すること、兵を起こして仲麻呂を殺害、大炊皇太子を追放して、光明皇后から鈴・璽を奪取したうえで、孝謙天皇を廃位して塩焼王ら四王から選んで天皇とすることが確認されている。

そして七月二日になると、B・Cにみられるように、孝謙天皇が数人からの奏によって「王臣らのなかに私兵を備えて田村宮を囲もうと計画している者がいる」として戒めている。この文言は、山背王の「橘奈良麻呂、道に反きて兵器を備へて、田村宮を囲まむことを謀る」との密告内容と同じであるから、山背王の密告にもとづくものであったことがわかる。つづいて光明皇太后も同様に王臣らを戒めているが、これは「汝たち諸は吾が近き姪なり」「大伴宿禰等は吾が族にも在り」と名前をいってはいないが、黄文王や奈良麻呂・古麻呂などにむけたものであることがわかる。このことから奈良麻呂たちの具体的なクーデター計画の大要は仲麻呂からの報告で光明皇太后や孝謙天皇にも報告されていたことがわかる。これは巨勢堺麻呂や山背王からの情報にもとづいたものであったであろうが、孝謙天皇の言葉に「数人重ねて奏し」とあるから、密告は堺麻呂・山背王や県犬養佐美麻呂以外にもあったものと思われるし、奈良麻呂らのクーデター計画の情報はかなり漏れていたことが指摘される。

先の天平勝宝七歳十一月の佐味宮守の諸兄反心の密告の時には、この事情をしっていた佐伯全成を勘問しようとしたところ、光明皇太后が説得して沙汰止みになっている。ここでも孝謙天皇とともに光明皇太后が「詔」によって重ねて決起を戒めていることは、光明皇太后の権勢が孝謙天皇に勝るものであったことを想像させるとともに、光明皇太后には原則として事を荒立てる気持ちがなかったことだと思う。

しかし、仲麻呂にとっては反対派を一掃して政治の主導権を握るためには絶好の機会であったから、堺麻呂・山背王らの密告をもとにクーデター派の中心人物を逮捕して、その勢力の壊滅を考えていたに違いなかった。ここで曖昧なかたちで収束して奈良麻呂・古麻呂らの敵対する勢力が残存することは、今後の政治主導が困難になるとともに自己政権の成立が難しいことになる。やはり、この機会をとらえて一挙に一網打尽にすることを決断したのである。しかし、孝謙天皇・光明皇太后の詔によって一応の落着をみているものを、さらに追及するには新たなる具体的な謀反計画の密告が求められていた。そのような時の夕方の上道斐太都の小野東人から聞いた「黄文王・安宿王・奈良麻呂・古麻呂」ら参加者の名前とともに、「精兵四〇〇で田村宮を囲んで仲麻呂を殺害する」「古麻呂が陸奥国への赴任途中に不破関を塞ぐ」との急告内容は、最終的に決め確認した六月二十九日の集会での内容にもとづくものであった可能性が高い。

ただ、この斐太都密告の内容には矛盾もある。古麻呂は二日の決起に先立って平城京を発って当日には不破関に行っていなければならなかった。しかしＤにあるとおりに三日夕方に京内にいたわけであるから、斐太都の密告内容に疑念が生じる。平野邦雄氏は備前の前国守であった小野東人と在地豪族上道氏の出自である斐太都とは関係があって、斐太都は反乱に加わることを約束していたが、反乱直前に密告したものとみるとともに、ひょっとすると斐太都は仲麻呂のスパイとして入りこんでいたのかもしれないと想定している。(45) これをうけて倉本氏は、「事態の鎮静化に危機感を抱いた仲麻呂が、斐太都に密告を行なうように指示した可能性もある」と記している。(46)

平野氏のいう斐太都スパイ説は問題外として、⑾に「今日の未の時に、備前国の前守小野東人、斐太都を喚びて謂りて曰はく、『王臣、皇子と内相とを殺さむと謀ること有り。汝能く従はむや」とあるからには、斐太都が以前から反乱派にいたと解するのは無理であろう。しかし仲麻呂は、この機会を逃さずに一挙に反対派を壊滅するために、さらに詳細な反乱計画を把握して鎮圧するために、(5)の巨勢堺麻呂の密告から小野東人がクーデター派で事情に通じていることを存知していたことから、中衛府配下の中衛舎人の斐太都に在地での関係から旧知であった東人に際会をよそおって情報を聞きとるように指示していたことはありえる。

斐太都の夕方の密告をとらえて仲麻呂は、(12)のように実情を奏上して、小野東人と答本忠節を左衛士府に禁着した。そして、道祖王を自宅に押し込めている。密告では名前が出ていないにもかかわらずに、道祖王に追及の手がおよんだのは、仲麻呂が奈良麻呂派の擁立するのが道祖王と思っていたことを示しているが、[47]これは詳細なクーデター計画を把握していなかったこともあろうが、聖武太上天皇の遺詔で皇太子になったのを仲麻呂が廃太子に追い込んだことから道祖王の自身への憎悪を感受していたからでもあろう。

翌日の三日になると、(13)のように豊成・永手ら八人によって東人らの訊問がはじまったが、東人はクーデターのことを必死に否定した。一時は光明皇太后の意思で収拾されたかにみえた事態は急展開して緊迫化した。これを仲麻呂の奏上で承知した光明皇太后は夕方になってDのように、自分が臨席して塩焼・安宿・黄文・奈良麻呂・古麻呂の五人を召して、仲麻呂をして「吾が為に近き人なり」であることから陰謀など「有るはずがないと思う」として、五人を免罪として再び事態の収束を願った。二日には孝謙天皇と光明皇太后の二人がそろって自重をうながしているが、さらに緊迫化した三日には光明皇太后のみである。このことは孝謙天皇よりも光明皇太后がより強く事態収拾を願っていたこともあるが、孝謙天皇よりも光明皇太后に一層の権威があったことを物語っている。[48]光明皇太后が政権首班である豊成ではなく、仲麻呂をして「詔」を伝宣させているのは、仲麻呂が実質的な権勢者でかつ殺害対象者であったこともあろうが、この事件収束の「詔」を仲麻呂自身に伝宣させることによって、仲麻呂にこれ以上の追及を止めさせる意図があったことを推考させる。

しかし、四日になると、永手らの厳しい訊問に東人は斐太都の密告に相違ないことを自白した。このことから仲麻呂の指示したであろう斐太都の密告が謀反派の一斉検挙となり、仲麻呂の意図とする反対派の壊滅につながったのである。この事実は事態を穏便にすませたいと願っていた光明皇太后の思いを承知のうえで、自己政権の成立を欲求した仲麻呂の思いが光明皇太后の意思にまさったということである。仲麻呂の権勢はひとえに光明皇太后の支持によっていたが、この事のみは思惑が一致しておらず、この時には光明皇太后は仲麻呂を抑えることができなかったのである。

この東人の白状で重視したいのは、その計画内容である。まず仲麻呂を殺害、大炊皇太子を退け、光明皇太后を幽閉して御璽と駅鈴を奪取したうえで、右大臣豊成をして事態を収拾する。そのうえで孝謙天皇を廃して、塩焼王ら四人から選んで新帝を立てるとの計画であったことである。この計画は時の政治権力の構造を示唆している。仲麻呂の殺害、大炊皇太子の追放、光明皇太后から御璽を奪取し幽閉に成功しても、孝謙天皇に政治権力が有れば当然のように衛府の兵士を動員して鎮圧することが予想される。よって孝謙天皇が天皇権力を発揮していれば、クーデター派によって光明皇太后とともに孝謙天皇も拘束されたはずである。このことからして時の政治は、光明皇太后と仲麻呂によってすすめられていたことが明白となる。(49) 御璽・駅鈴が孝謙天皇ではなく、光明皇太后の許にあったことに納得させられる。

そして、東人が豊成と永手らの七月三日の訊問には白状しないで、四日の豊成を除いた永手らの訊問で(6)・(7)・(10)にみえるような主要な陰謀計画を白状したことにも興味がある。倉本氏は事を荒立てたくないという豊成の政治姿勢が現われているとする。[50] また(5)の堺麻呂の密告を聞きながらも看過していることからクーデター計画に関係していたとする理解もあるが、栄原永遠男氏は一味には加わっていないが、この計画に一定の理解を示していたとみているから、[51] 手心を加えた糾問となったのである。

まず、尋問は(15)のように安宿王からはじまっているが、これは七月二日の斐太都の密告にもとづいてのものであろう。安宿王は六月二十九日の三回目の会合に事情がわからずに黄文王に誘われて参加したわけであるから、二十八日の山背王の密告には名はなかったはずであるが、陰謀では皇嗣候補のなかで一番有力であったから最初に訊問されたのである。瀧川政次郎氏は、謀反の罪は免れたようだが、謀反のことをしりながら告言しなかったことから「養老闘訟律」の「凡そ謀反及び大逆を知らば、密かに随近官司に告げよ。告げずば絞」の罪に坐したが、死一等を減ぜられて遠流に処せられたのであるという。[52]

つづいて黄文王・道祖王・奈良麻呂・古麻呂・多治比犢養らが順次訊問され、決起に際して高麗福信・奈貴王・坂上刈田麻呂・巨勢苗麻呂らの武人を居あわせないように額田部の宅に招いて酒宴を設け、田村宮急襲のために図を作成した賀茂角足らが拷問死している。「その支党の人等、或は獄中に死ぬ」[53] とみえる。また安宿王は妻子とともに佐渡国に、佐伯大成・大伴古慈斐・多治比国人・佐伯古比奈・大伴駿河麻呂らも配流となったが、総数は縁坐も含めて四四三人におよんだ。なかでも大伴氏は古麻呂・池主・兄人・古慈斐・駿河麻呂と多くの科刑者をだし、氏上で参議と仲麻呂の権力基盤である紫微中台の大弼でもある兄麻呂も、古麻呂と親族であったらしいことから処[54]分をうけて両職を解任されたらしく、この事実は連続してきた議政官がとぎれたということで大伴氏にとって大きな意味をもつ。[55]

おわりに

奈良麻呂らのクーデター計画が摘発されて、仲麻呂の反対派勢力は壊滅した。七月八日になって仲麻呂は目の上の瘤であった右大臣豊成を「大乱を構ふることを知りて、敢えて奏上すること無く、事発覚れぬるに及びても亦、肯へて究めず。(中略)宰輔の任、豈此の如くなるべけむや。右大臣任を停め、大宰員外帥に左降すべし」として太政官首班の地位から追放した。

小倉氏は、この事件は仲麻呂を殺害しようとした奈良麻呂の企てが露顕した政治事件だが、仲麻呂はこの事件に便乗して通常では想定しえない過剰な処罰を決行して、右大臣として上席にいた豊成を排斥したとしている[56]。たしかにそのような一面もあった。奈良麻呂が最終的に仲麻呂の暗殺を企んだのは、仲麻呂が光明皇太后の後援をえて大炊王を擁立して権勢を掌握していたからである。太政官では豊成が右大臣として大納言の仲麻呂の上席にいたが、政治権力はすでに仲麻呂の掌中にあったから、豊成の排斥が主要な問題ではなかった。仲麻呂の目的は、奈良麻呂・黄文王や古麻呂らの反対派を一掃して、より恣意的に政治を主導することであった。よって、豊成の排斥はこの事件に便乗したものであって、「目の上の瘤」であった豊成を取り払ったにすぎないが、これによって紫微中台に拠る政治権力の行使という変質した政治形態から脱して、太政官に拠っての施政が可能となったことは重視しなければならない。

一か月後の八月四日に仲麻呂は、自派の石川年足を中納言に、堺麻呂と阿倍沙弥麻呂・紀飯麻呂を参議に登用するとともに、中納言の多治比広足を一族から多くの賊徒を出したことへの責任を問い免官して、実質的に太政官での主導権を確保して政治を領導するようになる。それは八月十八日に天平宝字への改元が象徴している。これは駿河国益頭郡の蚕の卵が書いたという霊字の出現による祥瑞改元であったが、これを平城京に持参した賀茂継手が仲麻呂配下で斐太都とおなじ中衛府舎人であったことや、ふつうはこのような祥瑞は国府より奏上されるのであるが、この度は国司・郡司が関知していないことからしても仲麻呂の指示するものであったことを推知させる。そして、翌天平宝字二年八月には大炊王の擁立とともに大保（右大臣）に就任して、名目的にも政権を成立させるのである。[57]

註

（1）北山茂夫「天平末葉における橘奈良麻呂の変」（『立命館法学』二号、一九五二年、のち『日本古代政治史の研究』岩波書店、一九五九年）。

（2）前川明久「橘奈良麻呂と弥勒会」（『続日本紀研究』七巻七号、一九六〇年）、横田健一「橘諸兄と奈良麻呂」（『白鳳天平の世界』創元社、一九七三年）、平あゆみ「黄文王帝位継承企謀と橘奈良麻呂の変―長屋王皇統への可能性とその再挫折―」（『政治経済史学』二八七号、一九九〇年）、松尾光「橘奈良麻呂の変」（『古代の王朝と人物』笠間書院、一九九七年）、小倉真紀子「橘奈良麻呂の変」（『古代史講義【戦乱篇】』筑摩書房、二〇一九年）、これ以外にも菊池克美「橘奈良麻呂、〝謀反〟」（『歴史読本』二三巻六号、一九九八年）、遠山美都男「橘奈良麻呂」（『敗者で読み解く古代史の謎』ＫＡＤＯＫＡＷＡ、二〇一四年）などがある。筆者にもａ「橘奈良麻呂の変」（『奈良時代の人びとと政争』おうふう、二〇〇三年）、ｂ「橘諸兄と橘奈良麻呂の変」（『奈良平安時代史の諸問題』和泉書院、二〇二一年）などがある。

（3）福原栄太郎「橘奈良麻呂の変における答本忠節をめぐって」（『続日本紀研究』二〇〇号記念特集、一九七八年）、中西康裕「『続日本紀』天平宝字元年紀について」（『続日本紀の時代』塙書房、一九九四年、のち「橘奈良麻呂の変」と改題して『続日本紀と奈良朝の政変』吉川弘文館、二〇〇二年）。

（4）『続日本紀』天平十七年九月辛未条には「朕、頃者、枕席安からず」、同月癸酉条にも「天皇、不予したまふ」とみえる。

（5）木本好信「光明皇后の襟懐」（『古代文化』四二巻三号、一九九〇年、のち『藤原仲麻呂政権の基礎的考察』高科書店、一九九三年、さらに復刊本〔志学社、二〇二一年〕にも所収）。

（6）中川收「聖武天皇の譲位」（『日本歴史』四二六号、一九八三年、のち『奈良朝政治史の研究』高科書店、一九九〇年）。

（7）註（2）小倉前掲論文。

（8）註（2）木本前掲論文a。

（9）中村順昭『橘諸兄』（吉川弘文館、二〇一九年）二三一頁。

（10）木本好信「黄文王と橘奈良麻呂」（『史聚』五三号、二〇二〇年、のち『奈良平安時代史の諸問題』和泉書院、二〇二一年）。

（11）直木孝次郎「橘諸兄と元正太上天皇―天平十八年正月の大雪の日における―」（『国文学』二三巻五号、一九七八年、のち『夜の船出―古代史からみた萬葉集―』塙書房、一九八五年）。

（12）木本好信「橘諸兄と奈良麻呂の変」（『筑波大学日本史学研究集録』一四号、一九九二年、のち『奈良時代の人びとと政争』おうふう、二〇〇三年）。

（13）森公章「橘家と恵美太家―奈良時代貴族の家政断章―」（『海南史学』三三号、一九九五年、のち『長屋王家木簡の基礎的研究』吉川弘文館、二〇〇〇年）。

（14）森田悌「越中守時代の大伴家持」（『古代国家と万葉集』新人物往来社、一九九一年）。

（15）註（9）中村前掲書、二一九頁。

（16）註（2）木本前掲論文b。

（17）山本幸男氏は、文室智努と古麻呂がともに池田王を推薦したのは、『涅槃経』に傾倒していた智努と『涅槃経』と密接な関係にある『遺教経』

を唐国から持ち帰った古麻呂とは仏道修行をもとに交流していたからだとする（「文室浄三の無勝浄土信仰」『相愛大学研究論集』二七号、二〇一一年）。

(18) 古麻呂が皇嗣を進言したのは史料には確認できないが、すでに参議であったからだとする虎尾達哉氏（「八世紀前半における参議の任用について」『日本古代の参議制』吉川弘文館、一九九八年）に対して、佐藤長門氏は否定的にみている（「古代参議制に関する二・三の考察」『日本古代王権の構造と展開』吉川弘文館、二〇〇九年）。

(19) 註（2）木本前掲論文a。

(20) 鐘江宏之「大伴古麻呂と藤原仲麻呂」（『学習院大学文学部研究年報』五一号、二〇〇五年）、鐘江宏之「大伴古麻呂」（『奈良の都』清文堂出版、二〇一六年）。

(21) 上村正裕「大伴古麻呂と奈良時代政治史の展開」（『古代文化』六七巻二号、二〇一五年）。

(22) この異動について、鐘江氏は、註（20）前掲論文で仲麻呂派であった古麻呂に対して、不穏な動きのある都から遠ざけて、謀反に加わらないでやり過ごしてもらいたいという仲麻呂のかすかな期待があったとする。

(23)「吾、教誨を加へて殺すこと莫からしむべし」と、豊成が教誨を加えようとしたのを「陰謀者らへと」する直木孝次郎他訳注『続日本紀』2（平凡社、一九八八年）二五二頁もあるが、強権を振るう仲麻呂に兄として教誨を加えようとしたとする理解もある。

(24) 倉本一宏『藤原氏の研究』（雄山閣出版、二〇一七年）一五八頁。

(25)『続日本紀』天平神護元年十一月甲申条。

(26) 註（3）福原前掲論文。

(27)『続日本紀』天平宝字元年七月戊午条。

(28) 木本好信「藤原豊成について」（『甲子園短期大学紀要』三五号、二〇一七年、のち「藤原豊成」と改題して『藤原南家・北家官人の考察』

岩田書院、二〇一九年）。

(29) 註（13）森前掲論文。

(30) 今泉忠義『訓読続日本紀』（臨川書店、一九八六年）四八二頁。

(31) 註（23）直木他訳注前掲書、二五三頁。

(32) 倉本一宏『奈良朝の政変劇―皇親たちの悲劇―』（吉川弘文館、一九九八年）一一六頁。

(33) 中川收「山背王をめぐる諸問題」（『史聚』三八号、二〇〇六年）。

(34) 註（32）倉本前掲書、一二一頁。

(35) 林陸朗『奈良朝人物列伝―『続日本紀』薨卒伝の検討―』（思文閣出版、二〇一〇年）一三二頁。

(36) 註（33）中川前掲論文。

(37) 新編日本古典文学全集『萬葉集』4（小学館、一九九六年）四四三頁。

(38) 木本好信「堀江の別れ」（『史聚』五二号、二〇一九年、のち「藤原執弓―播磨介補任と『萬葉集』巻二十成立の一断面―」と改題して『藤原南家・北家官人の考察』岩田書院、二〇一九年）、木本好信「大原今城と家持・稲君」（『大伴旅人・家持とその時代』桜楓社、一九九三年）。

(39) 岸俊男『藤原仲麻呂』（吉川弘文館、一九六九年）四一四頁。

(40) 註（20）鐘江前掲論文。

(41) 小野寛「『喩族歌』と家持」（『国語と国文学』四五巻三号、一九六八年、のち『大伴家持の研究』笠間書院、一九八〇年）など。

(42) 木本好信「大伴家持と平城京の政界」（『万葉古代学研究所年報』五号、二〇〇七年、のち『万葉時代の人びとと政争』おうふう、二〇〇八年）。

(43) 塩入秀敏「長屋王王子山背王（藤原弟貞）について―奈良時代皇親貴族の一つの生き方―」（上田女子短期大学紀要）二六号、二〇〇三年）。

(44) 註（33）中川前掲論文。

(45) 平野邦雄『和気清麻呂』(吉川弘文館、一九六四年) 五六頁。
(46) 註(32) 倉本前掲書、一三〇頁。
(47) 註(32) 倉本前掲書、一三〇頁。
(48) 中西氏は、このような光明皇太后が孝謙天皇を超越した記述は、天皇権力の脆弱さを強調して孝謙天皇を軽視していることに通じるが、これは『続日本紀』の編集を命じた桓武天皇の意図だとする(註(3) 中西前掲書)。
(49) 木本好信『藤原仲麻呂』(ミネルヴァ書房、二〇一一年) 一〇二頁。
(50) 註(32) 倉本前掲書、一三二頁。
(51) 栄原永遠男「藤原豊成」(『平城京の落日』清文堂出版、二〇〇五年)。
(52) 瀧川政次郎「安宿王」(『古代文化』一一巻二号、一九六三年)。
(53)『続日本紀』天平宝字元年七月庚戌条。
(54) 西野悠紀子「八世紀官僚貴族の氏」(『日本政治社会史研究』中巻、塙書房、一九八四年)。
(55) 鷺森浩幸「奈良時代・平安時代初期の大伴氏」(『帝塚山大学人文学部紀要』三一号、二〇一二年、のち『天皇と貴族の古代政治史』塙書房、二〇一八年)。
(56) 註(2) 小倉前掲論文。
(57) 同様のことは中川氏も、すでに「太政官が仲麻呂の意を帯する者によって強化された。これは、仲麻呂が紫微中台から政権の場を本来の太政官へ移す準備でもあった。太政官による反仲麻呂派が一掃された以上、変則的な紫微中台に権力の拠点を置く必要はもはやなくなったのである。(中略) この段階においてその政権を確立させたということができる」(中川收「藤原仲麻呂政権の確立」『北海道産業短期大学紀要』五号、一九七一年、のち『奈良朝政治史の研究』高科書店、一九九三年) と論じている。首肯すべき見解だと思うが、ただ中川氏は奈良麻呂の変後に仲麻呂政権が「確立」したとするのに対して、筆者は「成立」として、翌天平宝字二年八月に淳仁天皇が即位し、右大臣（大保）となって「政権の場を本来の太政官に移し」て、「確立」したと理解する。

『出雲国風土記』の注釈について
——橋本雅之校注『出雲国風土記』を考える——

荊木美行

はじめに

筆者は、これまで中村啓信監修・訳注『風土記』上・下（角川書店、平成二十七年六月、以下「同書」「ソフィア文庫風土記」などと略称）に関する文章数篇を発表し、同書に関する疑問を指摘しつつ、併せてそれについての説明を需めてきた。(1)

これに対し、最近になって、校注者のお一人である谷口雅博氏が誠意ある返答を示されたのは感謝に堪えない。(2)ただ、筆者が疑問に思うところは、ほかの校注者の担当箇所にも存するのであって、それについての回答はいまだにおうかがいできないでいる。

むろん、答える答えないは校注者の自由で、筆者も回答を得なければ納得しないというわけでもない。ただ、そうして校注者が沈黙を守るのなら、こちらとしては、一方通行を承知のうえで、残らず疑問を書くだけである。小論では、これまであえてふれなかった問題のうち、『出雲国風土記』の脚注を取り上げたい。

一、荻原千鶴氏の注釈書との比較

ソフィア文庫風土記の内容が、全体に貧相であり、誤記や不充分な点が多いことはすでに別稿でも指摘したとおりだが、[3]ここで問題としたいのは、橋本雅之氏が担当した[4]『出雲国風土記』の注釈（以下、「橋本注」と略称）のなかに、荻原千鶴氏全訳注『出雲国風土記』（講談社、平成十一年六月、以下「荻原注」と略称）ときわめてよく似た記述が数多くみられる点である。

そこで、最初に、両書の記述のなかで、説明がおなじか、きわめてよく似ていると判断される箇所を抜萃し、筆者がそのように考える根拠を示しておきたい。

なお、比較にあたっては、荻原注・橋本注はいずれも初版を用い、橋本注が島根県古代文化センター編『解説出雲国風土記』（島根県教育委員会、平成二十六年三月）や服部旦《あさけ》氏の一連の研究に負うたと断っている地理・神社の考証については、原則として対象から除外した。このほか、表中の「……」は途中の省略を示し、末尾に括弧に括って示した数字は、当該頁を指している。

総記

荻原注	橋本注
○**駅家**　公用の使者のために官道に置かれた、馬・船・宿などの常備施設。三〇里に（約一六キロメートル）ごとに置くのが原則。(26)	18　公用の使者のために、馬・船・宿などを備えた、厩牧令規定の施設。三十里ごとに設置するのが原則であった。(123)
○**民部省**　……地方行政一般・国家財政を掌り、租税・戸口などを掌握した。○**口宣**　口頭で下される命令。……(26)	21　七二六年に、民部省（地方行政や国家財政を司る）からなされた口頭による下命。……(124)

意宇郡

荻原注	橋本注
○**栲衾**　タク（こうぞ）の繊維で織った夜具(37)。白いので、シラキ・シラヤマなどにかかる枕詞とした。	10　楮の繊維で織った夜具。色が白いので、「シラキ」にかかる枕詞とした。(125)
○**志羅紀**　新羅。古代朝鮮半島にあった国の名。(37)	11　新羅。古代朝鮮半島にあった国。(125)
○**三身の綱**　三本の綱を縒り合わせた丈夫な綱。(37)	17　三本の綱を縒り合わせた太く丈夫な綱。(125)
○**霜黒葛**　霜にあったカズラ（つる草）。つるを手繰り寄せることから、あるいは実が黒いことから、クルにかかわるといわれる。(37)	18　霜にあって黒くなったかずら（つる草）で、それを「手繰り寄せる」ところから、「クル」にかかる枕詞としたものと思われる。(125)

○**八穂尓**　八百土《やほに》で、多くの土を杵で衝き堅める意から、杵築にかかる枕詞。（37）	23　大量の土を杵で衝き固める意から、杵築にかかる枕詞とする。（126）
○**高志**　「越《こし》」で、今の北陸地方（越前・越中・越後）をさす。（38）	35　今の北陸地方を指す。（127）
○**御杖衝き立てて**　杖は神の依り代、杖を突き立てるのは土地占拠の標示である。○**おゑ**　感動詞。『播磨国風土記』にも神が国作りを終えた時に、オウと言ったとある。（39）	41　神の依り代としての杖を立て、土地を占有する儀礼的な行為。 42　感動詞。『播磨』にも、国作りの後に神が「オウ」と言ったとある。（127）
○**天の下所造らしし神**　「天の下」は国土。国土を造った偉大な神の意で、大穴持命に冠する称詞、またはその代名。（47）	2　……「天の下所造らしし神」は「国土を作った偉大な神」の意で、大穴持命を褒める称辞。（128）
○**越の八口**　「越」（高志）は前出（三八頁）。「八口」は新潟県岩船郡関川村八《や》ツ口《ぐち》付近を指したものという。……（47）	3　「越」は既出。八口は、新潟県岩船郡関川村八ツ口あたりとされる。（128）
○**命らす**　領有なさる、お治めになる。（47）	5　領有する国。（128）
○**皇御孫の命**　天つ神の子孫の意で、神に対して天皇を指していう語。（47）	6　天上界の天つ神の子孫の意。（128）
○**依せ奉る**　ヨスは任せる、委任する。（47）	7　お任せする、ご委任する。（128）
○**天乃夫比命**　出雲臣（出雲国造）の祖神。『記』に天菩比神《あめのほひのかみ》、『紀』に天穂日《ほひ》命、「出雲国造神賀詞」に天穂比《ほひ》命とある。……（48）	12　出雲臣の祖神。『記』では天菩比神、『紀』に天穂日命とする。（128）

○**天の石楯**　「天の」は天上界にゆかりのあるものに冠する称辞。イハは堅固なことを表す称詞。（48）	18　「天の」は、天上界に関わるものに即けられる称辞。岩のように固い楯。（129）
○**甲戌の年**　天武三年（六七四）。（49）	25　六七四年（天武天皇三年）。（129）
○**語臣**　古伝承を語り伝えることを職掌とした氏族か。……（49）	26　伝承を語ることを職掌とした氏族か。（129）
○**邂逅に**　思いがけぬ出会いにいう。（49）	28　偶然の出会いをいう。（129）
○**天神**……、**地祇**……、　「天神」は天上世界の神々、「地祇」は地上に土着の神々。（49）	35　天上界の神々と地上世界の神々。（130）
○**正倉**　朝廷に納める税としての穀物や塩などを収納する倉庫。（54）	2　朝廷に納める税（穀物・塩）などを保管しておく倉庫。（130）
○**大舎人**　舎人は天皇・皇族に近侍し、雑用を務める者。……（55）	8　舎人は天皇や皇族に近似《ママ》する役割をもつ者。（131）
○**丈**　長さの単位。一丈は一〇尺。約二・九七メートル。（55）	19　長さの単位。一丈は十尺。約二・九七メートル。（132）
○**麻奈子**　いとし子。（60）	7　いとしい子、の意。（133）
○**熊野加武呂乃命**　熊野大社の祭神。「出雲国造神賀詞」に「伊射那伎《いざなぎ》の日《ひ》の真名子《まなご》加夫呂伎《かぶろぎ》熊野大神櫛御気野《くしみけの》命」とある。（60）	8　熊野大社の祭神。「出雲国造神賀詞」に「加夫呂伎熊野大神櫛御気野命」とある。（133）

○**駱駅り**　連なり続いて往来の絶えないさま。○**繽紛に**　多く入り乱れて盛んなさま。『文選』（南都賦）に「駱駅繽紛」などとある。（61）	21　往来が続いて絶えないさま。『文選』南都賦に「駱駅繽紛」の李善注に「往来衆多貌」とある。（134）
○**教昊寺**　『出雲国風土記』で寺号の伝えられる唯一の寺院。……（66）	1　『出雲国風土記』の中で名前がわかっている唯一の寺院。（134）
○**大初位下**　初位は初叙の位で、八位の下。大初位と小初位があり、それぞれ上下に分かれる。大初位下は位階三十階制（正一位～少位下）中の第二八位にあたる。……（66）	5　初位は初叙の位。大初位下は位階三十階の第二十八位。（134）
○**新造の院**　新しく建造し、まだ寺号の定まっていない寺。……（66）	6　寺号の決まっていない新しい寺。（134）
○**厳堂**　荘厳な堂。（66）	7　荘厳に作られたお堂。（134）
○**教堂**　講堂にあたるか。『出雲国風土記』の他所記載はすべて「厳堂」とあるので、ここも「厳堂」の誤か。（66）	9　講堂のことか。諸注、厳堂の誤写とする。（134）
○**烽**　急報の狼煙を上げるための軍防施設。……（74）	4　狼煙を上げるための軍事的施設。（138）
○**熊野山**　八束郡八雲村と能義郡広瀬町の境の天狗山（六一〇・四メートル）。熊野大社の旧鎮座地。……（74）	6　松江市東出雲町と安来市広瀬町の天狗山。熊野大社の旧鎮座地。（138）
○**入海**　今の中海。（82）	3　今の中海。（139）
○**手掬**　手の一つかみ。握り拳。（86）	22　手の一握り。（142）

○**手間の剗**　能義郡伯太町安田関にあった関所。「剗」は関所の一種で、「令義解」（職員令、大国条）によれば、塹壕や柵を備えた施設をいう。……(88)	1　現在の安来市伯太町にあった関所。剗は「令義解」職員令（大国条）によれば柵などを備えた関所。(142)
○**郡司**　以下、意宇郡条の執筆責任者の列記。「郡司」は郡の官人の総称で、大領・少領・主政・主帳の四等官よりなる。……主政はその次位、主帳はさらにその次位にあたり、文案起草などを職務とした。(88)	8　郡の役人四等官「大領・少領・主政・主帳」の第四等官。文章起案などを職務とする。(142)
○**勲十□等**　古写本「勲業」とあるが、「勲十□等」の誤とする説（田中卓）に従う。(89)	11　写本に「勲業」とあり、古くから研究者を悩ませてきた。この問題を解決したのは、倉野本を精査した田中卓による発見。その説に従う。(142)

島根郡

荻原注	橋本注
○**勘養**　神穎《かむかひ》。穎《かひ》は穂先、穂のついたままの稲をいう。神に供える食物。(95)	6　神の食事に供える穂がついたままの稲。「かひ」は穂先の意。(144)
○**緒**　つながり。ここは一定の職掌につくひとまとまりの部族をいう。(95)	7　……「伴の緒」の「を」。一定の職掌についている部族的なまとまり。(144)
○**敷き坐す**　「敷く」は治める、領有する。(96)	11　領有する。(144)

○丁寧に　充分に。(96)	15　確かに、充分に、の意。(144)
○加賀の郷　八束郡島根町加賀・大芦付近。加賀郷の郷名の由来をすべて脱している細川家本などの古写本（「生馬の郷」の標目をのせないまま、生馬郷の郷名由来譚を加賀郷条に記す）と、次のような郷名由来を載せる写本（『鈔』・万葉緯本ほか）がある。……『鈔』・万葉緯本などの記す加賀郷名由来は、近世（『鈔』の手になるか）になって、加賀神埼（一三二頁）の記事によって補訂されたものとする説（平野卓治）に従う。(96〜97)	25　この郷の由来記事、底本の細川家本では脱落している。万葉緯本などに記された加賀郷由来記事は、近世になって補訂されたとする平野卓治説に従い、脱落のままとする。(145)
○宇武賀比売命　『記』の蛤貝比売《うむかひひめ》にあたる。ウムカヒは蛤。(97)	30　『記』の蛤貝比売と同神。……(145)
○入海　今の朝酌川（川津川）が大橋川に注ぐあたりは、古代は宍道湖（入海）の一部だった。(110)	15　朝酌川が注ぐあたりは古代では宍道湖の一部だった。(148)
○筌　竹を編んだ漁撈具。(116)	4　竹を編んだ漁具。(149)
○駻き駭ね　魚の跳ね躍るさまをいう。(116)	5　魚の勢いよく跳ねるさま。(149)
○麗を裂破く　古写本「日鹿を製《つく》る」とあるが、「日鹿」は不明。一説に「白魚」、「日魚」（干魚）、「腊」（丸干し）などの誤とするが、ここは「麗《あみ》」の誤とする全集の説に従う。(116)	6　底本「製日鹿」とあり、意味が通じない。「麗」の誤写とする新編全集本に従う。漁網。(149)
○朝酌の渡　前出「朝酌の促戸の渡」のすぐ東にあった公用の渡り。(116)	8　既出の朝酌の促戸の東にあった公用の渡し。(150)

○陶器　今も大井浜付近には古代の須恵器窯跡が多く散在し、山陰地方有数の大規模古窯群となっていて、須恵器片や陶棺などが発掘されている。……(117)	11　この付近には古代の須恵器窯跡が多く存在している。(150)
○鹵　塩分を含んだ沢、土地。(117)	15　塩分を含んだ地。(150)
○磷々し　水が石の間を流れ、石のきらめくさま。(117)	16　水の中で石が輝くさま。清らかな流れの描写。「磷々」は『文選』に例がある。(150)
○鯉石島　八束郡美保関町森山海岸付近にあった島で、今は沈降したものであろう。……(128)	2　今は沈下してしまい、定かでない。(152)
○結の島門島　法田海上の青木島かという(『参究』)。島門は島と島(陸)との間の海峡。……(129)	26　法田湾北方の青木島。「島門」は島と島との狭い海峡のこと。(153)
○戍　辺境防備のための軍事施設。……(131)	67　辺境防衛のための軍事施設。(156)
○枳佐加比売命　古写本、この条「枳佐売命」、この後「支佐加地売命」とあるが、『大系』による。『記』の「𧏛貝比売」にあたる。キサカヒは赤貝。(136)	6　底本に「枳佐賣命」「枳佐加地賣命」とあり、神名表記の混乱がみられる。異称とも考えられるが、古典大系本の校訂に従う。『古事記』に登場する「キサカヒヒメ」と同神と考えられる。「キサカヒ」は赤貝のこと。(157〜158)
○角の弓箭　弓弭《ゆはず》や矢じりなどを獣角で作った弓矢。(136)	8　矢じりや矢筈を獣の角で作った弓矢。(158)
○金の弓箭　弓弭や矢じりなどを金属で作った弓矢。……(136)	10　矢じりや矢筈を金属で作った弓矢。(158)

秋鹿郡

荻原注	橋本注
○待人を立て給ひて　古写本「持人」「狩人」とあるが、小林覚に従い、「待人」とする。人々を待ち構えさせ、狩の獲物を追い込んで捕らえることをいう。(147)	12　底本「持人」とあるが小林覚説により訂す。狩の時、獲物を待ちかまえ捕らえる人の意。(162)
○伊農波夜　夫神への賛嘆の詞。ハヤは対象への強い感動を表すが、失われたものへの愛惜のことが多い。(147)	20　「はや」は、深く感動したり失ったものを愛惜する気持ちを表す助詞。(162)
○伊農橋　伊農川に架けられた橋。平田市美原町中手付近か。(163)	2　伊農川に架けられた橋。(169)

楯縫郡

荻原注	橋本注
○天の日栖の宮　天の立派な御殿。(166)	4　天上界の立派な御殿。……(170)
○千尋の栲紲　……栲紲は楮の繊維で作った丈夫な綱縄。(166)	6　栲（こうぞ）の繊維で編んだ非常に長い縄。(170)
○百八十結び結び下げて　何回も何回もしっかり結んで、綱縄の結んだ切り端を垂らすこと。釘などの代わりに綱縄で桁梁を結ぶ古代の建築法。(166)	7　何度も何度もしっかりと結んでその切り端を垂らす古代の建築法。

○**天の御量** 天の尺度。(166)	8 天上界の尺度。(170)
○**楯部** 楯を作るのを職掌とした部曲《かきべ》。(166)	10 楯を作ることを職掌とした部曲。(170)
○**御装** 神のよそおいの品として神社に奉納する調度類。(166)	11 神の装いのための調度。(170)
○**皇神** ここは神々を尊んでいったもの。(166)	12 神々を尊んでいったもの。(170)
○**御厨** 飲食物を調理する所。台所。(170)	3 食べ物を調理するところ。厨房。(170)
○**尓多** 水分が多く、やわらかくどろどろしたさま。湿地。(171)	14 水分が多くどろどろしたさま。(171)
○**御乾飯** 飯を干して携帯用食料としたもの。水でもどして食する。(171)	15 携行食料。米を干したもの。 16 乾飯を水でもどしてほとびさせて食べること。(171)
○**嵬** 高くけわしい山。(178)	2 高く険しい山。(173)
○**御託** 神の依代。(178)	9 神の依代。「託」の文字、校訂と訓に異同がある。(174)

出雲郡

荻原注	橋本注
○**御名を忘れじ**　皇子などの名を後世に残すために、その名を負った部民を定めたとするのが、『記』『紀』『風土記』などの御名代《みなしろ》起源記事の定型。（192）	6　皇子などの名を後世に残すために設けられた部民。（178）
○**薦枕志都治値**　志都治の霊《ち》の意で、この地の地霊神。「薦枕」（まこもで作った枕）はタカやシにかかる枕詞で、ここは神名「志都治」の称辞としたもの。（193）	10　「薦枕」はタカやシにかかる枕詞。ここでは神名にかかる枕詞的称辞。神名「志都治値」についても諸説ある。（178）
○**窟戸**　岩窟の入り口。平田市猪目町の海岸にある。（194）	33　岩窟の入り口。（180）

神門郡

荻原注	橋本注
○**屋を造ら令め給ひき**　新婚のための家を造った。新婚にあたっての新居造りは、『記』の須佐之男命の神話などにも見える。（229）	13　結婚のための新しい家を造ること。結婚にあたり家を新築することは『記』の素佐之男神話などにもみられる。（192）
○**伊弉弥命の時**　……イザナミは『記』『紀』でイザナキ（六頁）とともに国土創成の神なので、ここは、はるかな太古の時、といった意か。（229）	19　イザナキ命とともに国土創成を担った女神。（193）

飯石郡

荻原注	橋本注
○**久志伊奈大美等与麻奴良比売命**　『記』『紀』で須佐之男命の妻となる櫛名田《くしなだ》比売《ひめ》（『記』）・奇稲田《くしいなだ》姫《ひめ》（『紀』）にあたる神。（251）	2　『記』に櫛名田比売（『記』）、『紀』に奇稲田姫にあたる神。（201）
○**須久奈比古命**　……大国主命（大穴持命）とともに国作りにあたった神で、大穴持命と併び称されることが多い。（252）	11　『記』に少名毗彦名命、『紀』に少彦名命とある神。大国主命とともに国作りをする神として登場し、大穴持命（大国主命）とペアで登場することが多い。（202）

仁多郡

荻原注	橋本注
○**御須髪**　あごひげ。（270）	6　あごひげ。（208）
○**八握**　ツカは「束」と同じく長さの単位で、握った拳の長さ。八ツカは長いことを表す（二五頁参照）。（270）	7　ツカは長さの単位で、握り拳ひとつの長さ。……（208）
○**御祖の命**　親神。ここでは、父神、大穴持命をさす。（270）	9　ここでは父神である大穴持命のこと。（209）
○**宇良加志**　ウラカスは、心を楽しませる意。（270）	11　心を楽しませる、の意。（209）

○已に云ふ也　新生児がただちにものを言うことをいったもの（倉野憲司）。古写本「已云也」とあるが、諸テキストは『鈔』に、「已不云也」（「已に云はざる也」——全くものを言わない——）と訂するに従っている。(271)	16　諸注の中には「已不云」と校訂し、「もの云はず」と解釈する説もあるが、新生児がただちにものを言うことをいったとする説に従う。(209)

大原郡

荻原注	橋本注
○垜　的をかけるために弓場に設けた盛り土。(294)	8　的を立てるために、弓場に設けられた盛り土。(215)
○矢を殖て令め給ひし　矢を射立てさせた。(294)	11　矢を射立てさせた。(215)
○頭刺して　カザスは、花や木の枝葉を頭にさして飾りとすること。……(294)	15　植物の枝葉を髪に挿して飾りとしたもの。(216)
○動きき　アヨクは揺れ動く意。(294)	20　「アヨク」は揺れ動く、の意。(216)
○動々　感動詞か。『全集』は「動《あよ》く動《あよ》く」と訓んで、男が父母に危険を知らせたものとする。(294)	21　新編全集本は「あよくあよく」と訓み、父母に危険を知らせたと述べている。(216)
○大領勝部臣虫麿　本郡末に署名のある人物。……(301)	2　当郡末の署名に見える人物。(217)
○□層の塔　三層または五層の脱字か。(301)	4　欠字部分は三もしくは五を脱したものか。(217)
○城　柵をめぐらし外敵を防ぐとりで。(307)	4　柵をめぐらした砦。(220)

○御室　ムロは周りを塞いだ空間をいい、家屋のほか岩窟などをもいう。(308)	12　ムロは出入り口以外が囲まれた空間。家屋だけでなく岩窟などもある。(220)

巻末記

荻原注	橋本注
○十字の街　十字路。チマタは道の分かれる所。……(315)	4　十字路。チマタは道の分岐点。(222)
○宅伎の戍　……「戍」は境界・要害の地などに置かれた防備のための施設。……(324)	42　……戍は境界や要衝の地に置かれた防衛施設。(226)

二、橋本注の問題点

前掲表をご覧いただけば、荻原注と橋本注にきわめてよく似た説明が多数あるのに気がつくであろう。刊行年次では、橋本注は荻原注に後出するわけだから、橋本注が荻原注に拠った可能性は大きい。また、同文とは云わないまでも、文言を巧みに言い換えたのではないかと疑われるもの（たとえば、「漁撈具」→「漁具」「公用の渡り」→「公用の渡し」・「今は沈降」→「今は沈下」・「弓弭」→「矢筈」・「天の」→「天上界の」・「調度類」→「調度」・「併び称されることが多い」→「ペアで登場することが多い」・「握った拳の長さ」→「握り拳ひとつの長さ」・「花や木の枝葉」→「植物の枝葉」・「署名のある人物」→「署名に見える人物」・「道の分かれる所」→「道の分岐点」・「防備のための施設」→「防衛施設」など）も少なくない。

もっとも、どちらも文庫サイズの注釈書であり、窮屈なスペースに言葉を切り詰めた説明を押し込まねばならないから、おのずと表現も限定される。ゆえに、ある程度の一致はやむをえない。

たとえば、荻原注に「○志貴島の宮に御宇しし天皇　欽明天皇。」（五五頁）とあり、橋本注も同じ語句を註して「欽明天皇」（一三一頁）としているが、これは誰が書いても欽明天皇にしかならない（ただし、「志貴嶋宮御宇」については別な説明も可能である）。同様に、記紀などにみえない神名についても「他に見えない（神）」としか書きようがないから、これらの文言が一致するからといって、橋本注を荻原注の摸倣と決めつけるわけにはいかない。

しかし、右に示した事例をみる限りでは、どうも両者のあいだには偶然の一致とは思えない、よく似た記述が多い。そこで、表に掲げた事例についていま少し詳しくみておきたい。

両者の関係を端的にあらわしているのが、不自然とも思える用字の一致である。

たとえば、荻原注の四九頁には「甲戌の年」を註した「天武三年（六七四）」という説明があるが、橋本注も、おなじ字句の注釈で「六七四年（天武天皇三年）」（一二九頁）と書いている。前後を入れ替え、「天皇」の字句を補っているから、一見両者は無関係のようにみえるが、「甲戌の年」を天武天皇三年とするのは、風土記の注釈では珍しい。壬申の乱の勃発した「壬申」を天武天皇の元年とすれば「甲戌」は三年だが、翌年の「癸酉」を元年とみれば、「甲戌」は天武天皇二年である。秋本吉郎校注日本古典文学大系2『風土記』（岩波書店、昭和三十三年四月）・久松潜一校註日本古典全書『風土記』上下（朝日新聞社、昭和三十四年十月・同三十五年五月）・小島瓔禮校注『風土記』（角川書店、昭和四十五年七月）・植垣節也校注・訳新編日本古典文学全集5『風土記』（小学館、平成九年十月）など、他の注釈書は、軒並み天武天皇二年説を採用しているから、橋本注と荻原注とだけが三年説で一致するのは、不自然といえば不自然である。

また、荻原注は「御杖衝き立てて」「御託」の説明で、それぞれ「神の依り代」（三九頁）・「神の依代」（一二七頁）という表現を使っているが、橋本注もおなじ箇所では「神の依り代」（一七八頁）・「神の依代」（一七四頁）とまったく同じ表記を用いている。荻原注にも橋本注にも僅か二箇所しか登場しないない語句の説明で送り仮名にばらつきがあり（「り」の有無）、しかも、その揺れが両注のあいだでピタリと一致する。これは、偶然ではなかなか起こりえないことである。

また、荻原注には部《べ》について言及した注が二箇所あるのだが、ここでも橋本注とのあいだで不自然な一致がみられる。すなわち、荻原注では、「楯部」「御名代」にふれた箇所で、

○楯部　楯を作るのを職掌とした部曲。（一六六頁）

○御名を忘れじ　皇子などの名を後世に残すために、その名を負った部民を定めたとするのが、『記』『紀』『風土記』などの御名代《みなしろ》起源記事の定型。（一九二頁）

とのべている（囲点＝荊木）。いっぽう、橋本注の当該箇所をみると、それぞれ、

10　楯を作ることを職掌とした部曲。（一七〇頁）

6　皇子などの名を後世に残すために設けられた部民。（一九二頁）

と、これまたおなじようなことを書いている（傍点＝荊木）。部（品部）や部曲（民部）の定義や説明はなかなかむつかしいが、こうした微妙な表現までが一致するのは、やはり橋本注が荻原注を写したからではないだろうか。

さて、以上は、かなりはっきりした摸倣の例だが、このほかにも、同様の疑いを払拭できない箇所がいくつかある。そこで、以下に卑見を開陳し、是非のご判断を乞いたい。

その一。総記にみえる「民部省口宣」についての説明で、荻原注は民部省について、

地方行政一般・国家財政を掌り、租税・戸口などを掌握した。

と書き、つぎに口宣の説明として、

〇口宣　口頭で下される命令。……（二六頁）

と記している。いっぽう、橋本注の一二四頁には、

七二六年に、民部省（地方行政や国家財政を司る）からなされた口頭による下命。

と荻原注の二項目を一つにまとめたような、これまたよく似た説明がみえる。

この説明自体は間違いではない。しかしながら、風土記が口宣の要旨とその年月日を明記していることから判断すると、口宣は発給者か奉者のいずれかの段階で文書化されたと考えられるので（ジャパンナレッジ版「国史大辞典」の「口宣」の項目、今江広道氏執筆）、たんに口頭による通達という説明はじゅうぶんではない。古代史研究者が編纂にかかわった『解説　出雲国風土記』（前掲）は流石で、「文字通り口頭命令のみであったかは不明で、文書化されていた可能性も否定できない」（二四九頁）という説明を忘れない。さらに云えば、風土記とおなじころに書かれた「出雲国計会帳」にも「口宣」の語がみえることを（これは、民部省でなく節度使の口宣であろう）注記すれば、読者にはより親切であろう。

こうしてみていくと、新注としての独創性を出そうと思えば荻原注とはべつな書きかたもあったはずだが、結果は、似たり寄ったりの、ありきたりの注で終わっている。これなどは、橋本注が、この語に関して荻原注しかみなかったことに起因していると思うのだが、この臆測は穿ち過ぎであろうか。

その二。荻原注の五四頁には、

○正倉　朝廷に納める税としての穀物や塩などを収納する倉庫。

という正倉についての説明がある。これに対し、橋本注では、

　朝廷に納める税（穀物・塩）などを保管しておく倉庫。（一三〇頁）

と、ほぼおなじ解説を附している。

　これも、荻原注の解説そのものは間違いではない。ただ、奈良時代、とくに風土記が書かれた天平年間の正倉に収納されていたのは、各種の稲、粟、それに備蓄用の糒《ほしいい》が主体で、塩を納める正倉のことはほとんど史料にはみえない。僅かに天平十年度の「駿河国正税帳」に一箇所「塩倉鎰」という記述があるだけで、現存する他の二十六通の正税帳にはまったく記載がない。舟尾好正氏なども「諸国の正倉はほとんどが正税を収納して」いると説明している（ジャパンナレッジ版「世界百科事典」の「正倉」の項。傍点＝荊木）。だから、「穀物・塩など」と書くと――これ自体は、加藤義成『校注出雲国風土記』（千鳥書房、昭和四十年十二月）に由来する説明のようだが――あたかも塩を収納する正倉が普遍的に存在するかのような印象を与える懼れがある。というか、ここで塩の貯蔵を記述するのであれば、出雲国の各郷に塩倉が存したことを証明する必要があろう。

　橋本氏も、少しく叮嚀に調べたならば、「税（穀物・塩）」という説明が不適切であることに気づいたはずである。にもかかわらず、荻原注とおなじ説明を繰り返しているのは、それしかみていないからではないかと疑われてもやむを得まい。

　ちなみに、正倉のことは、橋本氏が地理や神社の比定で大いに参考にしたという『解説　出雲国風土記』（前掲）三九頁に的確な説明が出ているのだから、再読してみてはいかがであろう。

　その三。荻原注の八八頁には、郡司、とくに主帳の説明として、

○**郡司**　以下、意宇郡条の執筆責任者の列記。「郡司」は郡の官人の総称で、大領・少領・主政・主帳の四等官よりなる。……主政はその次位、主帳はさらにその次位にあたり、文案起草などを職務とした。

という記述がある。これに対し、橋本注では主帳の説明として、

郡の役人四等官「大領・少領・主政・主帳」の第四等官。文章起案などを職務とする。

とのべている（一四二頁）。

養老職員令によれば、主帳をはじめとする主典《さかん》の職務はほかにもあるのに、橋本注も「勘署文案」しかあげていないのをみると、両注はよくよく相性がいい。ただ、おなじ真似るのなら正確に写せばよいものを、下手に手を加えるから、綻びが生じる。すなわち、橋本注では、荻原注の「文案」をわざわざ「文章」に改めているのだが、これは荻原注が正しい。「文案」については、「文案者。施行曰レ文。繕置曰レ案也」（義解説・釈説）とみる説と「公文者文案惣名也。或云。施行謂二之公文一也。留レ官謂二之案一者劣也」（職員令集解、神祇官条所引の「讃説」）とみる説とがあり、明法家の解釈の岐れるところだが、いずれにしても「文章起案」では意味をなさない。思うに、流石に同文はまずいと考えて字句を置き換えたのであろうが、文案のなんたるかを知らないから、失態を演じてしまうのである。

その四。荻原注では「御乾飯」のところで、

飯を干して携帯用食料としたもの。水でもどして食する。（一七一頁、囲点＝荊木）

と説明している。これに対し、橋本注は「御乾飯」を「携行食糧。米を干したもの」と書き、つづく「尓多尓食《にたにを》し」のところで、

乾飯を水でもどしてほとびさせて食べること。

と記述している（一七一頁、囲点＝荊木）。この橋本注は間違いで、糒（乾飯）とは「米を一度煮たり蒸したうえで、天日に干した飯」（ジャパンナレッジ版「日本大百科全書」の「糒」の項、明石一紀氏執筆）をいう。「御乾飯」を註するなら、当然いちど火を通すという点にふれるべきだが（荻原注は「米」ではなく、蒸したり炊いたりした「飯」を干して、と正確に書いている）、哀しいかな、橋本氏にはその智識がなかったのであろう。「飯」を安易に「米」と書き換えてしまった。併せて「携帯用食料」を「携行食糧」と言い換えて、それで独自の文章に仕立てたつもりだろうが、これは〝改悪〟でしかない。

おわりに

書きたいことはほかにもあるが、予定の紙幅を超えたので、両者の比較は以上にとどめる。ただ、右にあげたいくつかの根拠から、筆者は、橋本氏の脚注には、直接には荻原注に負うものがかなりの数ふくまれていると考えている。前にものべたように、限られた字数で説明しようとすると、どうしても表現が似る。今回のように、おなじ文庫判のすぐれた荻原注が存在する場合、後出の注釈は大変であろう（もっとも、そこを工夫してオリジナリティを出すのが、校注者の腕の見せどころである）。

しかし、ここで問題としたいのは、これほど荻原注の恩恵に浴しながら、そのことを明記していない点である。風土記の研究、なかでもここで取り上げた『出雲国風土記』に関しては長く、重厚な研究史の蓄積がある。われわれが曲がりなりにも風土記を読解しうるのは、これら先学の業績に負うところが大きい。であるから、新しく『出雲国風土記』の注釈書を作るとしたら、先行研究の参照は避けて通ることのできない基本的な手続きであり、そこで知り得た学説のプライオリティは尊重しなければならない。それが、先学の労に報いる途だと思う。

ところが、残念なことに、橋本注では、荻原注は「解説」の「四　注釈書」にそのほかの注釈書とともに書名こそあがってはいるものの（ほかに、「解説」のなかで一箇所引用がある）、参照した注釈書に対する謝辞には、

> なお、本書における地理考証・神社考証は、最新の注釈書である『解説出雲国風土記』の研究成果とその地理・神社の注釈、さらに服部旦の実地調査に基づく考証、また加藤義成の『出雲国風土記参究』をはじめとする先行研究に依拠したことを明記しておく。これら先覚の研究に心から敬意を表するとともに、感謝申し上げる。（三四八頁）

と記すだけで、荻原注への言及はない。

これはちょっと意外であった。こうした謝辞を入れるのであれば、荻原注を大いに参考にしたことも書いておかねば、釣り合いがとれないであろう。別稿でも少し書いたことがあるが、[5] 荻原注は、同氏が心血を濺いだ労作で、出色の注釈書である。だから、風土記研究者なら誰もが一度は繙くはずだし、それを参照したことを伏せる必要など何処にもない。

むろん、橋本注も荻原注だけを参照しているわけではない。いろいろな先行研究や注釈書の成果を取り入れていることは、脚注や解説を読めばわかる。しかし、筆者のみるところ、荻原注に助けられたところが少なくないと思われるので、それを明記して荻原氏に謝意を表するのが学界のエチケットというものであろう。他人はいざ知らず、筆者はそう考えている。

「毛を吹いて疵を求む」という言葉があるが、小論が試みた〝粗探し〟などは、けっして愉快な作業ではない。事実、当の本人が時間の無駄と感じつつ、あまり気の進まないままこれを書いている。

ただ、これまでもたびたび批判してきたように、ソフィア文庫風土記は、全体に先行研究から多大な恩恵を蒙っているにもかかわらず、なぜかそれを語ろうとしない。今回、小論で取り上げた荻原注に対する不当な扱いはその典型である。「おぼしき事云はぬは腹ふくるるわざなれば」の心境で小論を草したが、微意をお汲み取りいただくとともに、高見をたまわることができれば幸いである。

注

（1）拙稿「風土記の注釈について—中村啓信監修・訳注『風土記』上下の刊行に寄せて—」（『皇學館論叢』第四十八巻第四号〈皇學館大学人文学会、平成二十七年八月十日〉、原題では「よせて」）、のち拙著『東アジアの金石文と日本古代史』〈汲古書院、平成三十年一月二十八日発行〉所収）・「『出雲国風土記』の校訂本—角川ソフィア文庫『風土記』上の刊行に寄せて—」（『史聚』第五十号〈史聚会、平成二十九年四月五日発行〉、のち拙著『東アジアの金石文と日本古代史』〈前掲〉所収）・「風土記の現代語訳について—谷口雅博氏訳『豊後国風土記』をめぐって—」（『皇學館論叢』第五十一巻第六号〈皇學館大学人文学会、平成三十年十二月発行〉、のち拙著『風土記研究の現状と課題』〈燃焼社、令和元年三月〉所収）・「風土記の現代語訳について—谷口雅博氏訳『肥前国風土記』をめぐって—」（『古典と歴史』二、「古典と歴史」の会、平成三十年十一月発行、のち拙著『風土記研究の現状と課題』〈前掲〉所収）・「『播磨国風土記』雑考—「入印南浪郡」「聖徳王御世」「事与上解同」を論じて、中村啓信監修・訳注『風土記』上「播磨国風土記地図」に及ぶ—」（『皇学館大学紀要』第五十七輯〈皇學館大学、平成三十一年三月発行〉）・「風土記地図覚書—中村啓信監修・訳注『風土記』の附図に思う—」（『古典と歴史』六、「古典と歴史」の会、令和元年月八日発行、のち拙著『『播磨国風土記』の史的研究』〈燃焼社、令和二年八月〉所収）。

（2）谷口雅博「風土記の現代語訳について—荊木美行氏の批判を受けて—」（『上代文学研究論叢』第四号、國學院大學上代文学研究室、令和二年三月）。なお、これに対する所感は、拙稿「T先生への手紙—角川ソフィア文庫『風土記』のことども—」（『古典と歴史』八、令和二年）

という形を採ってのべた。

（3）この点については、拙稿「風土記の注釈について」（前掲）参照。

（4）ソフィア文庫風土記の『出雲国風土記』の「執筆担当者」が橋本氏であることについては、上巻「凡例」四頁に明記されている。

（5）この点については、拙稿「風土記地図覚書」（前掲）参照。

【編集後記】

▼前号からしばらく間隔があきましたが、『古典と歴史』9を刊行できたのは、大きな喜びです。ご寄稿いただいた木本好信先生にはこの場を借りてお礼申し上げます▼最近、とみに時間の経つのがはやい気がしてなりません。先日も必要があって勤務校の過去の在職者のことを調べていたのですが、名張キャンパスが閉鎖になってから、もう六年も経過したことに気がつき、時の速さに驚きました▼皇學館大学社会福祉学部は、平成十年に三重県下初の福祉系学部として鳴り物入りで開設されたのですが、あっというまに定員割れが始まり、平成二十一年には募集停止に追い込まれました。いろいろと戦略ミスもあったのでしょうが、いまそれについてあれこれ云うつもりはありません。ただ、廃学にまつわる思い出話を一つ▼いよいよ名張撤退という事態が迫ったころのこと。研修会という名目で、私学振興財団のかたを招き、皇學館の将来について話をうかがう機会が設けられました。それは研修というより、外部のかたの力を借りて「もう名張はあきらめましょう」と当該学部の教員を説得するのが狙いだったような気がします▼講演が終わって質疑応答に入ったのですが、社会福祉学部所属のK教授の一人が興奮気味に「福祉系学部の設置は国の方針だったのではないか？　われわれはそれにしたがったまでだ」という趣旨の発言をしました。たしかに、当時は福祉系の学部・学科でないと認可が受けにくい状況でした。しかし、学部・学科の増設は大学が判断することで、国から強要されたものではありません。経営がむつかしいと判断したら認可申請をやめれば済むことですから、この発言は八つ当たりとしか思えませんでした▼つぎに挙手したH教授は「四年制がむつかしいなら短大に鞍替えしてはどうか？」と、まさかの提言。これには財団のかたもしばし絶句。なぜなら、当時は、短大が経営難からつぎづぎと四年制に転換している真っ最中。このときに四大が短大に改組などというのは、〝死期〟を早める自殺行為以外のなにものでもなかったからです▼愚問の二連発で講師のかたも返答に困っていましたが、きっと腹のなかでは「こんな教員がいるから、ダメだったんだろうなぁ」と嗤っておられたことでしょう。後ろのほうで聴いている小生も、恥ずかしいやら、情けないやらで「誰か止めろよ」と思ったものでした▼「負けに不思議の負けなし」とは野村克也監督の名言ですが、失敗した大学経営にはちゃんと理由があるものです。最近、古友で、これも廃学になった松阪大学の元教授の上野利三先生が、ある雑誌で、同大学の「敗因」を冷静に分析しておられるのを読みました。これをみて、やはりノムさんのおっしゃるとおりだと感心した次第です。

（荊木美行）

古典と歴史　9

令和三年六月十日　発行
企画・編集　「古典と歴史」の会
発行者　藤波優
発行所　株式会社　燃焼社
〒五五八―〇〇四六
大阪市住吉区上住吉二丁目二番二九号
TEL　〇六（六六一六）七四七九
FAX　〇六（六六一六）七四八〇
e-メール　fujinami@nenshosha.co.jp

ISBN978-4-88978-150-2

9784889781502
ISBN978-4-88978-150-2
C3021 ¥800E
1923021008000
燃焼社
定価（本体 800円+税）

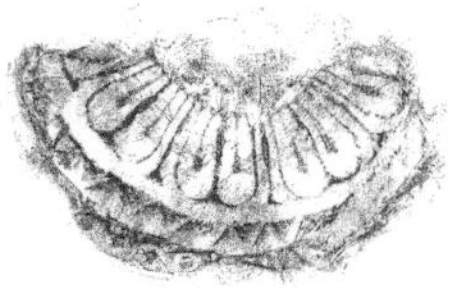

「古典と歴史」の会